La danza de los vientres

Ermes Ronchi

La danza de los vientres

Meditaciones para Adviento

Paulinas

Las citas bíblicas son de La Santa Biblia de la editorial San Pablo[19].

Las meditaciones que se recogen en este libro fueron propuestas por el autor en la Basílica Catedralicia de Gravina, en Puglia (BA) para la parroquia de San Juan Bautista (28-29 de noviembre de 2021).

Título original: *La danza dei grembi. Meditazioni per l'Avvento.*

Traducido por: María Jesús García González.
Imagen de cubierta: Adam Burggraf.
Diseño de cubierta: Alba Cosío Velasco.

© PAULINAS 2024
Carril del Conde, 62 - 28043 Madrid
Tel.: 91 721 89 84 - Fax: 91 759 02 04
E-mail: editorial@paulinas.es
www.paulinas.es

PAOLINE Editoriale Libri
© Figlie di San Paolo, 2022

ISBN: 978-84-19408-38-9
Depósito Legal: M-19727-2024

Impreso por Gar.Vi. 28970 Humanes (Madrid).
Printed in Spain. Impreso en España.

Un saludo al lector

Regresemos a las fuentes. Cuanto más volvemos a la fuente, más frescos y creativos somos. Este itinerario evangélico para el tiempo de Adviento, a la luz del texto de Lucas y en compañía de las palabras y gestos de las dos mujeres en espera de ser madres, tiene precisamente este objetivo.

Lucas es el autor que nos permite llevar nuestra mirada más lejos, para remontarnos lo más atrás posible, hasta los inicios de la historia terrenal de Jesús: mirada orante y festiva que se posa sobre un ángel que tiene semillas de Dios en su voz, sobre una joven que cree lo increíble, sobre una anciana sorprendida y atemorizada ante el milagro, sobre el abrazo de las dos mujeres, ambas embarazadas de manera inverosímil. Es la danza de los vientres, impulsada por el viento del Espíritu.

El título evoca ese paso de baile que el pequeño Juan trata de dar mientras sigue aún en el vientre de su madre cuando siente acercarse a Dios y lo recibe como una melodía, como una invitación a la fiesta, un ritmo de danza.

Pero al mismo tiempo el título quiere evocar también la alegría y la dificultad de la esperanza humana, cuya imagen más natural y poderosa es, precisamente, la de una mujer encinta, grávida de vida, con el vientre que se arquea como una vela sobre el mundo expectante. Y da testimonio de que nuestra tarea es llevar adelante humildemente la vida: Dios se refleja en nosotros, habla y actúa a través de ella, cada niño que nace a la vida es una sílaba del Verbo de Dios, una profecía biológica. «Existía la luz verdadera, que con su venida a este mundo ilumina a todo hombre» (Jn 1,9): Adviento y Navidad tienen el ritmo del sol que sale.

Sinónimo de «parir» es «dar a luz»: nacer es venir a la luz, vivir es una progresiva adquisición de esa luz interior que hace comprender y ver, que nunca hace violencia, que se posa sobre las cosas, las acaricia y hace que broten todos sus colores y toda su belleza. Así Jesús, el más bello de los hijos del hombre, «el Hijo de la bellísima» (David Maria Turoldo), viene a iluminar el rostro elevado y puro del hombre.

Así, la danza de los vientres es también la danza de la luz que viene a iluminar nuestros inviernos sedientos de sol.

La parte conclusiva del texto, también con la orientación de Lucas, mira con un ojo hacia el amplio movimiento de los astros (el sol, la luna, las estrellas, hacia las cosas últimas, cuando aparecerá el Hijo del hombre), y con el otro hacia la profundidad del corazón, hacia la epifanía contenida en cada instante, el valor de revelación de cada fragmento. La vida está dentro del infinito y el infinito está dentro de la vida; la eternidad brilla en el instante y el instante se insinúa en la eternidad.

El corazón del Adviento es ligero y atento; posee ligereza para caminar y atención hacia todos los pequeños y valiosos detalles de la vida: caminamos pisando joyas, y no nos damos cuenta.

Una pequeña ayuda para aprender de las dos primeras profetas del Nuevos Testamento a ser zahoríes de lo bello y de lo bueno, a pasar por el mundo bendiciendo la vida, como Isabel, y haciendo grande a Dios, como María. En un adviento sin fin.

1
Vientre en el vientre

Habrá señales en el sol, en la luna y en los astros; las naciones estarán angustiadas en la tierra y enloqueci-das por el estruendo del mar y de las olas; los hombres, muertos de terror y de ansiedad por lo que se le echa encima al mundo, pues las columnas de los cielos se tambalearán. Entonces verán al hijo del hombre venir en una nube con gran poder y majestad. Cuando co-miencen a suceder estas cosas, tened ánimo y levantad la cabeza, porque se acerca vuestra liberación.

[…]

Cuidad de que vuestros corazones no se emboten por el vicio, la borrachera y las preocupaciones de la vida, y caiga de improviso sobre vosotros ese día, como un lazo, porque así vendrá ese día sobre todos los habitantes de la tierra. Estad alerta y orad en todo momento para que podáis libraros de todo lo que ha de venir y presentaros ante el hijo del hombre (Lc 21,25-28, 34-36).

«Habrá señales en el sol, en la luna y en los astros» (Lc 21,25): el evangelio de Lucas no pretende narrar el fin del mundo, sino el secreto del mundo. El evangelista nos coge de la mano, nos lleva a salir por la puerta de casa y nos acompaña a ver el cosmos vibrante a nuestro alrededor como una inmensa vida que padece, que sufre, se contorsiona como una parturienta –dice Isaías– para generar vida.

Pero, tras cada descripción dramática, como en todos los discursos apocalípticos de Jesús, viene una pizca de esperanza; tras cada oscura pincelada el evangelista sumerge su pincel en la luz y crea como un punto de rotura, un desgarro en el velo, una perforación del muro… y todo cambia.

«Tened ánimo y levantad la cabeza, porque se acerca vuestra liberación» (Lc 21,28): este mundo que es difícil, que es amargo, que es incomprensible, este mundo lleva otro mundo en su vientre. El mundo no acabará en el caos, el mundo no acabará en la nada, sino dentro de un abrazo; no se consumirá en el fuego de una conflagración cósmica, sino en la belleza. Así lo asegura el capítulo 21 del Apocalipsis. Vi «la nueva Jerusalén que bajaba del cielo del lado de Dios, dispuesta como una esposa ataviada para su esposo» (Ap 21,2).

Cada día, a nuestro alrededor, hay un mundo que muere; pero también cada día hay un mundo que nace, y nuestros ojos no deben fijarse en el mundo que muere, sino en el mundo que nace. Ocuparnos solo de los asuntos inmediatos, vivir someramente, seguir hablando de Covid, de pandemia y de vacunas, mirar lo pequeño, vivir mirando hacia abajo: este es el verdadero peligro. Puede que miremos hacia abajo para evitar tropezar con los escombros o con la fealdad que abarrota la calle. Pero quien no levante la cabeza no verá nunca el arco iris. Y en las lágrimas de nuestros ojos, aunque sean abundantes, llega, porque siempre llega, un rayo de luz, y entonces en el encuentro del agua con la luz nacen los arcoíris.

Hombres y mujeres en pie, con la cabeza alta, la mirada en el futuro: así es como ve el Evangelio a los discípulos de Cristo, personas de vida recta y mirada profunda, que no están acostadas, ni recostadas, que no viven en el sofá.

Dios viene día tras día, continuamente, y también ahora, en mi vida, Dios viene; aunque no lo veas, aunque no pienses en él, aunque estés distraído o tengas el corazón apesadumbrado y vivas el mayor de nuestros vicios modernos, que es la superficialidad, Dios viene, está en camino por todas las calles.

En este Evangelio, Jesús nos muestra el mejor regalo que podemos hacernos a nosotros mismos: un corazón atento y sereno. Atención y ligereza.

Dice Jesús: «Cuidad de que vuestros corazones no se emboten por el vicio, la borrachera y las preocupaciones de la vida»; llegará un momento en el que nos sentiremos apesadumbrados. Pero no hay cristianos deprimidos, no hay depresión mientras mantengamos una obstinada fidelidad a la idea de que la historia, la mía y la del mundo entero, ¡es un proceso de salvación! El don de esta página del Evangelio es un corazón ligero, ligero como la fe, ligero como la amistad; no la ligereza de la pluma a la que el viento, cualquier viento, arrastra de un lado a otro, sino la ligereza del pájaro que se mantiene en el aire y aprovecha la fuerza del viento para ir más lejos. Es el momento de vivir con atención, pues la atención es ya una forma de oración; de vivir con ligereza. La atención brota si amo algo; la ligereza me visita si tengo fe en algo.

Este Evangelio es un tanto estrábico, porque nos pide que miremos con un ojo hacia los grandes movimientos de los astros (el sol, la luna, las estrellas... hacia las cosas últimas, cuando vendrá el Hijo del hombre), y con el otro ojo nos pide que miremos nuestro corazón, los asuntos de cada día.

Levantar la cabeza, es decir, mirar a lo lejos, más allá de nosotros, y después mirar nuestro interior para permanecer atentos a lo que ocurre en nuestro espacio vital. Tener el corazón ligero y atento: ligereza para caminar, atención para percatarse de todos los pequeños y preciosos detalles de la vida. Dios se esconde en los detalles.

¿Cuándo dejaremos de ofender la vida cotidiana y esperar milagros? El milagro más grande es caminar con la cabeza alta en una vida sin milagros, pero con la cercanía de Dios, que nos toma de la mano.

Cuando empecemos a maravillarnos de todas las pequeñas cosas y de todos y cada uno de los seres humanos, nos será útil este corazón: ligero para la fe y atento para el cuidado. Nos será útil una doble atención para vigilar lo que brota, lo nuevo que nace, en esta ciudad nuestra, en esta historia; velar sobre los primeros pasos de la paz, sobre el gramo de bondad que depositamos en el corazón de cada ser humano, y también en el muro de la noche, en el muro de la pandemia. Ninguna vida carece de un gramo de luz; ninguna historia, por complicada que sea, carece de una pincelada de cielo. Y nosotros, que somos capaces de percibir el oro, la luz, debemos hacer que brote la bondad y la belleza que están sembradas en cada criatura. El mundo será maravilloso, y habrá hombres y mujeres capaces de maravillarse.

Doble atención en el Adviento: un ojo orientado a la vida, aquí y ahora, y un ojo orientado al infinito, porque la realidad no es solo esta que vemos. La vida está dentro del infinito y el infinito está dentro de la vida; la eternidad brilla en el instante y el instante se insinúa en la eternidad, en un adviento infinito.

Nuestra tarea como creyentes es sentirnos parte de una inmensa historia, acogidos por misteriosas fuerzas buenas, envueltos por una energía más grande que nosotros mismos, donde incluso mi pequeña experiencia personal, mi pepita de tiempo en la historia, es preciosa, poderosa, porque está grávida de Dios. Cada uno de nosotros debe convertirse en la madre de Cristo, como la Virgen María: pasar a estar grávidos de Dios, preñados de luz.

El problema no es preguntarse si el Señor vendrá y cuándo vendrá, sino si somos capaces de reconocerlo ahora, de reconocer sus pasos, sus llamadas a la puerta, su llegada… El problema no es preguntarse si vendrá y cuándo vendrá, sino si deseamos de verdad encontrarnos con él, si deseamos de verdad dejarnos renovar, renacer, partir de nuevo; o si estamos bien así: vida sedentaria, vida pasiva, satisfechos con nuestra fe mediocre.

El Evangelio nos enseña a interpretar la historia, pero también nuestra vida personal, como un vientre que genera nacimiento, un vientre de futuro; nos enseña a no cerrarnos al simple hoy. Este mundo lleva otro mundo en su vientre: un mundo que hay que cultivar y custodiar con combativa ternura; un Dios que hay que acoger, al que hay que hacer espacio, al que hay que dedicar tiempo y corazón.

Dios tiene que nacer siempre. Su nombre es alegría, libertad y plenitud. Un Dios cercano y cálido como la respiración, fuerte como el corazón, bello como el sueño más hermoso. Dios puede nacer mil veces en Belén, pero si no nace en mí, nace en vano.

¡Te deseo un Dios que venga, ligero como un amigo, atento como un enamorado!

2
Creer es... ¡el riesgo de ser felices!

A los seis meses envió Dios al ángel Gabriel a una ciudad de Galilea, llamada Nazaret, a una joven virgen, prometida de un hombre descendiente de David, llamado José. La virgen se llamaba María. Entró donde ella estaba, y le dijo: «Alégrate, llena de gracia; el Señor está contigo». Ante estas palabras, María se turbó y se preguntaba qué significaría tal saludo. El ángel le dijo: «No tengas miedo, María, porque has encontrado gracia ante Dios. Concebirás y darás a luz un hijo, al que pondrás por nombre Jesús. Será grande y se le llamará Hijo del altísimo; el Señor le dará el trono de David, su padre; reinará sobre la casa de Jacob para siempre y su reino no tendrá fin». María dijo al ángel: «¿Cómo será esto, pues no tengo relaciones?». El ángel le contestó: «El Espíritu Santo vendrá sobre ti y el poder del altísimo te cubrirá con su sombra; por eso el niño que nazca será santo y se le llamará Hijo de Dios.

Mira, tu pariente Isabel ha concebido también un hijo
en su ancianidad, y la que se llamaba estéril está ya de
seis meses, porque no hay nada imposible para Dios».
María dijo: «Aquí está la esclava del Señor; hágase en
mí según tu palabra». Y el ángel la dejó. (Lc 1,26-38).

El pasaje de la anunciación comienza con siete nombres: Gabriel, Dios, Galilea, Nazaret, José, David, María, nombres propios, de personas o de lugares. El número 7 indica la totalidad de la vida, el bullicio incansable de la vida, y es ahí donde viene Dios. Viene en un mes sexto señalado en el calendario de la vida, el sexto mes de una vida nueva en el vientre de Isabel.

En griego, la lengua del Evangelio, «anunciación» se dice *euanghelismos*, es decir, *evangelización*, que indica el alegre anuncio de que la vida de Dios está floreciendo en un vientre de mujer.

Con el movimiento característico de una cámara, el relato de la anunciación parte del infinito del cielo y luego el campo va restringiéndose progresivamente, como en un prolongado zoom, hasta poner el foco en solo un detalle: una casa en cuyo interior hay una joven.

Estos siete nombres colocados al comienzo nos preparan inmediatamente no para elaborar una serie de nociones, un sistema conceptual, sino para recibir una historia, para entrar en una crónica y no en una teoría. La obra de Dios acaece en lo cotidiano, en un lugar concreto, en un momento concreto, con personas concretas.

La novedad es que el cristianismo no comienza en el templo, sino en una casa. El ángel Gabriel bate sus alas sobre la incredulidad de Zacarías y vuela lejos de Jerusalén, hasta un pueblecito sin historia, Nazaret. El cristianismo no comienza en la enorme explanada del templo, sino en una habitación de gente pobre, en la casa-gruta de María; no entre los candelabros de oro del altar, sino en la cocina, entre cacerolas y telares; no en la ciudad del rey, sino en una pobre aldea nunca antes mencionada en la Biblia.

Antes que a escribas y rabinos expertos, el ángel prefiere a una joven aldeana, una adolescente apenas convertida en mujer. Dios entra en el mundo por abajo, entre los últimos de la fila, por la periferia, por mí, por ti, por cada uno de nosotros.

Al haber encontrado resistencia en el centro, el ángel Gabriel se dirige a los confines del mundo, a la Galilea de los gentiles. Va volando desde lo sagrado y llega a un lugar profano, vuela desde el templo hasta una casa, del sacerdote hasta una mujer, del anciano hasta una joven. El Evangelio comienza así, con la salida de Dios de los recintos sagrados y su encarnación en lo cotidiano.

La vida es lo más santo que existe. En las dificultades y en las alegrías de lo cotidiano de la vida, que es santa, celebra su liturgia.

El anciano Zacarías no tiene hijos; como él, el templo es estéril, es el desierto de Dios. El sacerdocio autorreferencial, masculino, mudo e incapaz de generar, es salvado por una joven que no era nadie. El ángel le dice: «Conviértete en el arca de la alianza entre Dios e Israel; sobre ti descenderá la sombra del Altísimo, descenderá como una nube, como hizo sobre la tienda del pueblo en el desierto» (cf. Lc 1,35). Y bajo la vela de esta mujer, santa porque es amada, navegará hasta alcanzar el corazón de la tierra.

Dios está ahora en una tienda plantada «entre nosotros» (Jn 1,14), fuera de los recintos sagrados, en los lugares de la cotidianidad, entre herramientas de trabajo, alimentos, ropa y vajillas, abrazos y polvo de la calle.

El Dios de la santidad entra allí donde la vida celebra su fiesta. En las casas, en el grito victorioso del niño que nace, en el abrazo de los amantes, en el último aliento del moribundo, en el perdón, en la memoria y en la fe, se celebra el significado santo de la vida. El ángel entra en las casas, no para bendecirlas o hacerlas dignas, sino porque ya han sido bendecidas, ya son dignas de recibirlo: Dios planta su tienda donde arde el amor.

Escribe J. L. Borges: «Toda casa es un candelabro donde las vidas de los hombres arden como velas aisladas»; es un candelabro que sostiene elevada una vela, una profecía de luz y de calor. La verdad no es un concepto, sino lo que arde sin consumirse.

La estructura narrativa de este pasaje de Lucas es sencilla. Se trata de un diálogo donde el ángel habla tres veces y tres veces responde María, con una detallada introducción y una conclusión muy breve: «Y el ángel la dejó» (Lc 1,38).

En Nazaret, por primera vez en la Biblia, la última palabra en el diálogo entre el cielo y la tierra corresponde a la tierra, a una mujer. En las otras anunciaciones de la Biblia, la última palabra la tenía siempre el ángel, que ahora, en cambio, sale de escena en silencio, deja a María, confiriéndole la dignidad de compañera y no ya de simple ejecutora de órdenes.

Tres veces habla el ángel. Una palabra de alegría (*χαῖρε*); una segunda palabra contra el miedo: «No tengas miedo» (1,30), y una tercera palabra que lleva vida en su interior: «El Espíritu Santo vendrá sobre ti como una nube y te hará madre» (cf. 1,35).

El ángel propone, en tres intervenciones, las tres palabras únicas para cada uno de nosotros: la *alegría* –¿qué es la vida, sino una búsqueda de felicidad?–, el *no al miedo* –¿qué es la no-vida, sino la parálisis del miedo?– y el *Espíritu*, que preside todo nacimiento. Alégrate, no temas, una vida va a venir.

Son las tres palabras que más profundamente tocan las cuerdas de la existencia humana: la necesidad de felicidad; el miedo, que es la madre de la violencia y del engaño, y la tarea divina de dar la vida, de transmitir vida con nuestra vida.

El ángel afirma que la llegada de Dios es portadora de tres signos: *se multiplica la alegría, desaparece el miedo, florece la vida*.

Lo primero que hace María cuando aparece en escena es escuchar, permaneciendo en silencio, a este ángel inesperado. El silencio es un amor sin palabras, es como el momento de tensión en que el director de orquesta eleva su batuta antes de dar comienzo a este inmenso instante que precede a la obertura de la sinfonía. Después del silencio, el asombro y la turbación.

La segunda acción de María es el deseo, muy humano, de comprender cómo es posible, porque Dios no es evidente. Dios no es fácil de entender.

La tercera es su alegre aceptación.

La joven de Nazaret nos enseña el arte de la escucha, el arte del asombro para poder vivir nuestras anunciaciones cotidianas, porque toda casa es meta de ángeles.

Y el ángel entró en ella, un día cualquiera, en un lugar cualquiera, a una joven cualquiera. El primer anuncio del Evangelio, la primera *evangelización*, sucede en la normalidad, en la laicidad de una casa.

Algo colosal sucede en lo cotidiano sin testigos, lejos de las luces y de las emociones del templo. Es hermoso pensar que Dios se acerca a nosotros, no solo en las solemnes liturgias de las catedrales, de las capillas, de las vigilias, sino también, y sobre todo, en la normalidad de la vida, en lo cotidiano.

La casa no es solo la morada que acoge y repara, sino una hendidura hacia el infinito, porque Dios está donde tú mismo estás. En tu casa Dios se te acerca, te acaricia, y lo hace un día en que estás tan embriagado de alegría y de amor que dices a la criatura que amas palabras únicas, absolutas, que quieren ser eternas. Te acaricia un día de lágrimas, te acaricia en el abrazo del amigo, o te encuentras con la sorpresa cuando estás en el desierto, en el cansancio de la repetición.

Y nosotros, ¿dónde imaginamos hoy a Dios y sus ángeles? ¿En la iglesia quizá, en la liturgia? Nuestro Dios nos sorprende en las calles, en las casas, en las cocinas, en las manos de quien nos quiere. Y en realidad la imagen que nos queda de Jesús en las narraciones de los evangelios no es la de un hombre que frecuenta las sinagogas, sino la de un hombre que camina. Tres años de caminos, de pueblos, de campos, de lagos, de rostros. Y, sobre todo, las casas: en cuarenta ocasiones se dice que está en una casa. En la casa donde se come entre amigos, en comunidad, en alegría; donde se llora, donde hay enfermos, donde hay caricias de alguien que te perfuma con nardos. Y después personas, rostros, gestos… es en la liturgia de los rostros donde Dios está presente.

A una virgen, prometida a un hombre. María entra en escena como virgen prometida en matrimonio. El primer episodio de la vida de María que recuerda el Evangelio es su matrimonio con José. La palabra griega se refiere a la primera parte del matrimonio, al acuerdo, al contrato, que se reconoce como válido antes de la convivencia, que sellará el matrimonio después de un tiempo más o menos largo. María es la mujer del *sí*. Pero su primer sí se lo dio a José; solo en un segundo momento pronunció su sí a Dios. María entra en escena como una mujer que cree en el amor, esposa, joven apasionada que ha amado con corazón de carne a su esposo.

María tiene un amor y tiene una casa y deja constancia de que en la vida podemos prescindir de muchas cosas, pero no de una casa; podemos ser pobres y carecer de todo, pero para vivir necesitamos amor, y mucho amor para vivir bien.

«El que no ama permanece en la muerte», dice Juan en su primera carta (1Jn 3,14).

Dios no quiso que María, que carecía de todo, fuese pobre en amor, porque el amor tiene sed de eternidad, porque interpela el motivo profundo de la existencia.

María, prometida en matrimonio a José, está enamorada de él y por eso está abierta al misterio. La joven ha entrado en los asuntos del amor y entra ahora en los asuntos de Dios. Si hay algo en la tierra que nos haga experimentar lo absoluto, ese algo es el amor, que viene como éxtasis en la vida, que nos hace salir de la fascinación enfermiza del yo y nos abre.

El corazón es la puerta de Dios, el lugar privilegiado al que llegan los ángeles, el lugar donde ocurren milagros. Dios está ausente donde el corazón no está presente. Todo acontecimiento amoroso en la tierra está siempre decretado por el cielo. María se abrió y pudo recibir el mensaje del Único. María era una joven feliz, conocía la felicidad, porque la felicidad en esta vida se mide, se pesa, según el amor que se da y se recibe.

Según Lucas, la anunciación fue a María; según Mateo, fue a José: si superponemos los dos evangelios nos damos cuenta de que el anuncio se hace a la pareja, al esposo y a la esposa juntos, al hombre justo y a la virgen enamorados.

Dios obra en el interior de nuestras relaciones, habla en la familia, en el diálogo, en la tragedia, en la crisis, en las dudas, en los impulsos de una pareja, donde se crean esos bellísimos oasis de verdad y de amor que son las familias, que nos salvan del riesgo de acabar en el desierto de los sentimientos, en las glaciaciones de los afectos.

Dios no roba espacio a la familia, no quita nada, busca este sí colectivo que se convierte en creador, porque es la suma de dos corazones, de muchos sueños, de muchísimo trabajo. En realidad, la pareja es la que tiene que ser imagen de Dios, «macho y hembra los creó» (Gén 1,27), reflejo del rostro del Creador. No es la fuerza de Adán, no es la belleza de Eva, sino el entrelazamiento amoroso de los dos, lo que es a imagen y semejanza de Dios.

También José recibe el anuncio de que será el verdadero padre de Jesús, aunque no su progenitor biológico. Ser padre es mucho más que ser progenitor. Engendrar un hijo es fácil, es cuestión de poco tiempo; pero ser padre y madre es enseñar el oficio de ser hombre, enseñar el arte de vivir, es una tarea que implica toda la vida y que nunca acaba.

El ángel llega hasta ella, la saluda, y su primera palabra es alegría: «*Chaire*, alégrate, sé feliz, María»; no es un saludo de respeto, no es un «Ave» o «Buenos días», sino una invitación, casi una orden, un imperativo: «Alégrate, exulta, regocíjate, estás llena de gracia, porque Dios se ha inclinado sobre ti, te ha encontrado hermosa; sé feliz, María, Dios ha puesto en ti su corazón, has agradado a Dios» (cf. 1,28): en estas palabras vibra una nota, un perfume, un sabor agradable y extraño que todos, todos los días, buscamos: la alegría.

El ángel no le dice: «María, reza, arrodíllate, ve a la sinagoga»; simplemente le dice: «Ábrete a la gloria como una puerta se abre al sol de par en par». Dios se acerca y trae una caricia, Dios viene y da un abrazo, viene y trae una promesa de felicidad; se le permite presentarse porque su cercanía es consuelo para la vida. Si lo que yo predico no es consuelo para la vida, entonces es que no es Cristo lo que yo predico. Y Dios sigue seduciendo, porque habla el lenguaje de la alegría: *chaire*, sé feliz.

Así se inaugura la alegre noticia del Evangelio: María es llamada a ser creyente alegre, y nosotros con ella. La alegría de María, tan patente en el *Magníficat* que se convierte en canto y danza, hace que la fe sea lo que es: acogida hospitalaria de un Dios enamorado y fiel.

María entra en escena como una profecía de felicidad para nuestra vida, como una bendición consoladora que desciende sobre nuestra angustia vital, sobre la soledad sufrida, sobre la ternura negada, sobre la violencia que nos acecha pero que no vencerá, porque la belleza es más fuerte que el dragón de la violencia.

El ángel asegura a todos que hay felicidad en la fe, que hay placer en creer, que creer es bueno; creer es alcanzar la belleza de vivir, saborear la experiencia «mística» del enamoramiento, gozar del dulce canto del mundo, atreverse, crear, soñar con cielos nuevos y tierra nueva, ser amigos de la vida; qué hermoso es ser sacerdote, hermano, hermana...

El ángel añade: «María, estás llena de gracia» (cf. 1,28). Esta segunda palabra alberga el porqué de la alegría: estás llena de gracia. El ángel anuncia esta plenitud de gracia con un término nuevo que es *kecharitomene.* Un término que nunca antes había sonado en la Biblia, un verbo que indica que Dios se inclina hacia la persona, llevando gracia y plenitud de vida.

El término griego *κεχαριτωμένη*, que traducido literalmente (es participio pasado pasivo, en tiempo perfecto) significa «amada para siempre, tiernamente, libremente amada», indica una acción pasada cuyos efectos continúan en el presente. María no está llena de gracia porque haya respondido sí a Dios, sino porque Dios ha sido el primero en decirle *sí.* Y nos dice *sí* a cada uno de nosotros antes de que nosotros demos nuestra respuesta, sea cual sea: todos y cada uno estamos llenos de gracia, todos hemos sido amados por adelantado, sin cálculos, porque la gracia es gracia, y no mérito o interés.

María nos revela el corazón sencillo del Evangelio: el secreto de la alegría evangélica es saberse amados por un Dios que no merecemos, sino que acogemos.

Allá donde vayas, cuando te caigas y te hagan daño, cuando te pongas de nuevo en pie y sonrías, Dios estará contigo. Está contigo quien no desecha a ninguno, está contigo quien no abandona a nadie.

María permanece turbada y se pregunta qué sentido puede tener un saludo como ese. Porque ella conoce las Escrituras, pero esa palabra, «llena de gracia», no está en la Biblia, no se ha escuchado nunca antes en la sinagoga, ni en la historia de Israel. Se trata de una palabra inaudita, literalmente nunca escuchada por nadie, no está en los libros sagrados; y por eso María se turba: «No temas, María» (cf. 1,30).

En las Escrituras esta palabra resuena 365 veces en diferentes formulaciones: «No temas», «no tengas miedo», «no te asustes», «no te aterres»: es casi una invitación que Dios hace para cada día del año, un pan cotidiano para el camino del corazón. ¡Es increíble! Para estar bien, la persona ha de estar libre de dos cosas: de máscaras y de miedo. Lo mejor que se puede enseñar a los hijos para que sean adultos es liberarse de máscaras y miedos.

«No temas», repite la Biblia cada vez que despertamos. Cada mañana nuestro ángel nos susurra los buenos días de Dios. No tengas miedo, cuando creas haber cometido muchos errores en tu vida, o cuando creas que no lo conseguirás, cuando a tu alrededor no ves más que un montón de ruinas, cuando el futuro aparece vacío, triste o amenazador, cuando te decepcionas a ti mismo, te decepcionan los demás, cuando eres débil, tú no temas. Porque eres amado para siempre, Dios entra en tu vida y la colma, entra en esta vida hecha de emociones confusas y frágiles. ¡No temas! Dios entra y se queda contigo.

No temas, María, si Dios no emprende el camino del éxito, del poder o del clamor. No temas si el infinito se esconde en un puñado de carne, en una perla de sangre en tu vientre.

A Dios le gusta encerrar lo grande en lo pequeño, el roble en la bellota, el Verbo en la carne, la eternidad en el instante. No temas los nuevos caminos de Dios, tan alejados de las apariencias, de las luces, de la solemnidad del templo; no temas el pesebre, la áspera paja, en la que Dios se hará niño, llanto, sed de leche, sonrisa con ojos grandes muy abiertos, manos pequeñísimas que se tienden hacia ti, como el inclinarse de Dios niño hacia ti, hacia mí. ¡No temas a este Dios niño! Él vivirá si tú lo amas, Dios vivirá por tu amor: no podemos ser la cuna ni la tumba de Dios. Este niño será feliz si tú le haces feliz, y eso es lo que el ángel les repite a todas las madres, a todos los padres: tu hijo vivirá si tú lo amas, todos nosotros vivimos por el amor de una madre y de un padre.

Hoy también nos toca a nosotros ayudar a Dios a estar vivo en nuestro mundo, a encarnarse en esta historia, en estos caminos, en estas plazas, dándole tiempo y corazón; Dios vivirá en nuestras ciudades distraídas, en estas casas herméticas, cerradas, solo por nuestro amor. María, tú concebirás y darás a luz: y así Dios transforma también el cuerpo y la vida de María, y también su cuerpo porque sin el cuerpo de María el Evangelio pierde cuerpo, se vuelve concepto, códice moral.

María es tan importante en la historia porque es el elemento de contacto del ser humano con lo divino, es el lugar del encuentro entre la materialidad de nuestra vida y la divinidad. Es Dios que se injerta en lo humano, el cromosoma divino dentro del ADN humano.

Entonces María pregunta: «¿Cómo será esto?» (1,34). Su primera palabra no es un sí, no es una aceptación; su primera palabra es una pregunta. La palabra de Dios suscita interrogantes, nos instruye en la fe por medio de preguntas que son las palabras de los niños. La respuesta nos cierra, nos da la solución y nos hace sentir satisfechos; la pregunta abre, señala horizontes, dispone caminos, nos hace autores y pensadores de la vida.

María parece desconcertada, perpleja, pero plantear preguntas con perplejidad es una manera de estar ante el Señor con toda nuestra dignidad humana: acepto el misterio, pero al mismo tiempo utilizo todo mi intelecto; digo lo que no entiendo y luego acepto caminos que me superan.

Una acogida acrítica no es verdaderamente digna de la persona y, además, puede provocar graves daños, porque se hace decir a Dios cosas que no quiere decir.

Si se me ofreciera en una mano toda la verdad y en la otra la búsqueda de la verdad escogería la mano que alberga la búsqueda de la verdad, la mano donde están los interrogantes, los logros, los asombros, donde están encerradas mis anunciaciones.

Lo que me da esperanza es el continuo crecer de las preguntas en el pueblo cristiano, porque nadie se conforma ya con respuestas de un prontuario, preelaboradas. Hoy queremos comprender, ir más al fondo, hacer nuestra la fe.

Al desconcierto de María le hace eco la respuesta consoladora de Dios, que se preocupa por todos sus hijos. Lo imposible se ha vuelto posible: «el poder del altísimo te cubrirá con su sombra» (1,35). Es la misma frase que se utiliza en el relato del Éxodo, cuando se narra cómo Dios, en el desierto del Sinaí, se hace presente en el arca que acaban de construir: la nube del Altísimo te cubrirá con su sombra, nueva arca.

En el Éxodo se cuenta que la santidad del Señor llena la tienda. Lucas hace un paralelismo entre el descenso de Dios a la tienda del éxodo y el descenso del Verbo a la Virgen María: quiere recordar que Dios regresa al mundo, que el Señor de la alianza ha establecido la alianza definitiva y eterna. Dios prefiere la persona antes que el templo, y prefiere el vientre de la Virgen María antes que el Santo de los Santos.

«Aquí está la esclava del Señor» (1,38). «Esclava» es un término bíblico que no significa renuncia a la libertad, sino, en primer lugar, colaboración. Esclava es la reina, la segunda después del rey. Llamarse esclava del Señor no es afirmar una humildad genérica, sino decir que, a partir de este momento, mi vivir será ponerme al servicio de sus deseos: «Aquí estoy, soy la aliada del Señor de la alianza».

En el Evangelio, María no está nunca sola: reúne a personas, congrega gente a su alrededor, crea alianzas, porque ser esclavo de alguien significa no hacer de uno mismo el centro del mundo. San Agustín lo expresa con una bellísima frase: «Servum te caritas facita quia libertum te veritas fecit» («El amor te hace esclavo porque la verdad te ha hecho libre»). En el sí de María, todos pasamos de la servidumbre al servicio, como prodigio de valentía, no como reserva de humildad.

Y la última palabra, «hágase en mí según tu palabra» (1,38). El verbo que emplea Lucas es *genoito*, un optativo, de tono alegre, festivo, esperado: «estoy feliz por lo que has dicho, deseo que ocurra». Una nota de alegría al comienzo, una nota de alegría también al final (que ocurra pronto lo que dices): la anunciación es realmente el momento feliz y exultante de la historia.

María, con su sí, da testimonio de que los asuntos más grandes del mundo, los asuntos más importantes de tu casa, de tu vida, ocurrirán siempre bajo tu propia responsabilidad. La nota de alegría al final del diálogo con María demuestra lo que es la verdadera conversión: pasar de Dios como deber a Dios como deseo.

La Virgen María, mujer de lo cotidiano, enamorada de la normalidad, sorprendida por el ángel en sus tareas domésticas, recuerda que el Señor del universo se mueve entre las cacerolas de nuestras cocinas, entre jarras, ollas, platos, cazuelas y sartenes, en el milagro de lo cotidiano.

En cierta ocasión un maestro de jasidim preguntó a sus discípulos: «Muchachos, ¿sabríais decirme dónde está Dios?». «Maestro, siempre nos has enseñado que Dios está en todas partes, en el cielo, en la tierra, ¡en todas partes!», respondieron. Y el maestro dijo: «No, hijos, ¡me equivoqué! Dios no está en todas partes, ¡sino solo donde se le deja entrar!».

Cada día de vida que nos ha dado es el día de nuestra anunciación: vienen ángeles continuamente. Mi anunciación sucede cuando siento la vida como una llamada que me invita a ir más allá, a algo mejor: más libre, más limpio, más bueno.

Mi anunciación está en el hambre de alianzas que sean fieles, en el hambre de felicidad compartida, en el hambre de un Dios que da vida nueva y de criaturas que sean semejantes a él.

Mi anunciación está en el deseo de ser tierra que se extiende, grano a grano, al sol de Dios, a las semillas del Espíritu. Mi anunciación es pasar de Dios como deber a Dios como maravilla, es saber ver en los demás, en todos y cada uno, un mensajero de lo invisible, un ángel que anuncia el infinito. Todas las mañanas, el ángel susurrará palabras de Dios: «¡Hoy, no temas, que yo estoy contigo!».

Concluyo repitiendo las palabras de don Tonino Bello: «Santa María, virgen del estupor, mujer de cada día, enséñanos a ver la vida cotidiana como la obra donde se construye la historia de la salvación. Tú, que, en el interior de la casa de Nazaret, entre cacerolas y telares, entre lágrimas y oraciones, entre ovillos de lana y rollos de la Escritura, has experimentado en todo el espesor de tu feminidad, alegría sin malicia, amargura sin desesperación, partidas sin retorno, vuelve a caminar con nosotros, oh criatura enamorada de la normalidad; tú, que antes de ser coronada reina del cielo tragaste el polvo de nuestra pobre tierra, ayúdanos a salvar al menos el estupor ante Dios. A pasar de un cristianismo cómodo a un cristianismo enamorado».

3
La danza de los vientres

Unos días después María se dirigió presurosa a la montaña, a una ciudad de Judá. Entró en casa de Zacarías y saludó a Isabel. Cuando Isabel oyó el saludo de María, el niño saltó en su seno e Isabel quedó llena del Espíritu Santo. Y dijo alzando la voz: «¡Bendita tú entre las mujeres y bendito el fruto de tu vientre! ¿Y cómo es que la madre de mi Señor viene a mí? Tan pronto como tu saludo sonó en mis oídos, el niño saltó de alegría en mi seno. ¡Dichosa tú que has creído que se cumplirán las cosas que te ha dicho el Señor!» María dijo:

«Mi alma glorifica al Señor
y mi espíritu se regocija en Dios, mi salvador,
porque se ha fijado en la humilde condición de
su esclava.
Desde ahora me llamarán dichosa
todas las generaciones,
porque el todopoderoso
ha hecho conmigo cosas grandes,
su nombre es santo;

su misericordia
de generación en generación
para todos sus fieles. Ha desplegado
la fuerza de su brazo,
ha destruido
los planes de los soberbios,
ha derribado
a los poderosos de sus tronos
y ha encumbrado a los humildes;
ha colmado de bienes
a los hambrientos
y despedido a los ricos con las manos vacías.
Ha socorrido a su siervo Israel,
acordándose de su misericordia,
como había prometido
a nuestros padres,
en favor de Abrahán
su descendencia para siempre.»

María estuvo con ella unos tres meses y se volvió a su casa (Lc 1,39-56).

Adviento es el tiempo de la espera; solo las mujeres en espera de ser madres saben qué significa esperar. Esperar es el infinito del verbo amar.

David Maria Turoldo escribe: «Virgen Madre, si no apareces de nuevo, incluso Dios se pondrá triste». Si no apareces de nuevo… pero no en una de esas muchas apariciones que jalonan el mundo católico; si no regresas para volver a hablar de un Dios que sigue seduciendo todavía porque habla el lenguaje de la alegría, como hizo contigo, extrañaremos a ese Dios que vino como una invitación al baile, que en Caná disfrutó con la alegría de los suyos, se hizo responsable de ella, la prolongó.

Esta página de Lucas es la única página del Evangelio que está escrita en femenino, donde las protagonistas son dos mujeres: María e Isabel, sin que haya ninguna presencia más que la del misterio de Dios que palpita en sus vientres.

Las dos primeras profetas del Nuevo Testamento son dos madres en espera, e indican que la palabra de Dios viene a nosotros y genera vida en nosotros.

«El ángel la dejó» (1,38) y «María se dirigió presurosa» (1,39). Me pregunto si la verdadera devoción a la Virgen María consiste en añadir otro título solemne y altisonante más a sus letanías, como «mediadora de todas las gracias», por ejemplo, o «corredentora», o si más bien no sería más útil y auténtico añadir algo sencillo, más cercano a la vida, como *María, mujer que camina presurosa*. Quien ama no es perezoso, no es indolente, siempre va con prisa, siente que va con retraso a las necesidades de los demás, a la sed de encuentros y de abrazos. Una mística medieval escribió: «Los sabios caminan, los justos corren, pero los enamorados vuelan» (*Camila Bautista de Varano*, de Camerino).

María se siente libre para partir con premura, para no dejarse condicionar por nada, para dejar su casa, familia, clan, prometido durante tres meses sin pedir consejo, sin pedir permiso a nadie. ¡Cuánto me gusta la libertad de María, libre como un pájaro en el cielo, como una flor silvestre, como un lirio del campo que recibe el polen cuando sopla el viento, que toma el sol y el agua simplemente cuando llegan! ¡Cuánto me gusta la libertad de María, en la que nada está preestablecido, donde la vida germina libre y feliz!

Ella escucha al ángel, y escucha su corazón, y se pone en camino. Dios es una fuerza que hace partir. Si supierais cuánta fuerza me proporciona imaginar mi vida, mi Iglesia, Dios mismo, no como un recinto cerrado donde todo está definido ya, preestablecido, programado, sino como ruta del sol, una luz cálida que invita a seguir adelante.

La primera obra de María es un viaje: el patio de su casa no le basta ya, no se conforma con estar junto a la ventana viendo cómo pasa la vida; ponerse en camino significa no mirar sus miedos, sino sus sueños, y ponerse en pie, dejar de lamentarse y caminar hacia alguien.

El Salmo 84 nos sorprende cuando declara feliz al hombre y a la mujer que tienen senderos en el corazón, que tienen caminos dentro, dichosos aquellos que tienen un corazón colmado de futuro, los futuros del corazón.

María, que se pone en camino estando embarazada, grávida de Dios, por los montes de Judá, es la imagen más poderosa que nos ofrece el Evangelio sobre el sentido y la finalidad de nuestra vida. Es una preciosa metáfora: ser cristiano, hermano, hermana, laico, poco importa, es estar en camino en la vida como portador de Dios, portador de un tesoro. «Tengo una especie de certeza interior de que hay en mí un depósito de oro puro que debo transmitir» (Simone Weil).

El que quizá fuera el más importante exegeta de la historia, Orígenes de Alejandría de Egipto, escribe que la imagen más poderosa del cristiano es la de María de Nazaret cuando, estando embarazada, lleva a Dios a la gente, «ferens Verbum». Así también nosotros somos en el mundo portadores de Cristo, en la tierra portadores de Dios, caminamos en la vida llevando otra vida en nuestro interior. Cada uno de nosotros vive dos vidas: la propia y la de Dios, dos vidas y un solo río.

«Hombre, sé consciente de lo que eres, ten en cuenta tu dignidad real: llevas a Dios en ti» (Gregorio de Nisa). Así pues, la verdadera devoción es tratar de ser como la Virgen María, que cada casa sea el lugar donde el Misericordioso sin casa busca casa; donde se encarna el Evangelio, el sueño, el proyecto de un mundo nuevo.

La mujer embarazada no tiene ni siquiera que hablar de su estado, pues a todos les es evidente; del mismo modo debería ser evidente que yo soy cristiano: no son mis palabras, mis afirmaciones, las reivindicaciones de mis raíces cristianas las que demuestran que llevo a Dios en mi interior, sino la elocuencia de mi vida. «Dios no se demuestra con palabras, se muestra con la vida; no basta con ser creyentes, tenemos que ser creíbles» (Rosario Livatino).

El *Magníficat* que la Iglesia sigue repitiendo desde hace dos mil años no nace en la soledad, sino en el abrazo de dos mujeres: María es la joven que sabe vivir bien sus sentimientos, no los niega, y nos asegura que el círculo de nuestros afectos, nuestra familia, nuestras amistades, son un espacio adecuado para la llegada de Dios, son auténtico Evangelio.

Dios sale al encuentro del hombre y de la mujer en nuestras relaciones, de criaturas, de encuentros, de diálogos, de abrazos, de escucha mutua. Romano Guardini escribe: «Dios salva a través de las personas; quizá no haya en el mundo una experiencia de absoluto o de infinito más cierta que la vinculada a las relaciones humanas, al amor humano».

No hemos sido creados a imagen del Padre, o a imagen del Hijo, o a imagen del Espíritu Santo: hemos sido creados a imagen de la Trinidad, es decir, a imagen y semejanza de un vínculo de relaciones. En el comienzo, está el vínculo, como en la Trinidad.

Lo que nos ha cambiado la vida no han sido escritos o libros, sino encuentros; no han sido ideas o palabras, sino la realidad de encuentros con personas. Si cambiamos poco en nuestra existencia es porque nos encontramos poco y mal.

La vocación de María ocurre en privado, pero la comprobación se hace ahora en la dimensión comunitaria, en el encuentro con Isabel.

María va con alegría a encontrarse con una pariente más anciana, llena de expectativas, llena de vida, que la ayudará a comprender lo que le está ocurriendo a ella, a ellas; va a su encuentro abierta y dispuesta, sin estereotipos de fe, casi para hacer una *lectio divina* a dos voces.

No creo que fuera a servir a Isabel, que pertenecía a una clase social superior, sino a permanecer juntas en la fe frente al vértigo llevado por el milagro. «El joven camina más rápido que el anciano, pero el anciano conoce el camino» (dicho sudanés).

La primera palabra de Isabel: «¡Bendita tú entre las mujeres y bendito el fruto de tu vientre!» (Lc 1,42), se hace eco de la primera palabra de Dios al hombre y a la mujer: «Dios bendijo a Adán y Eva» (cf. Gén 1,28). Una bendición irrevocable. Hemos sido bendecidos, bendecidos desde el principio, bendecidos en todas nuestras debilidades.

El nombre de Isabel significa «Dios mantiene su juramento», y la anciana, con su primera palabra, mantiene el juramento de Dios, renueva el primer e irrevocable juramento, cuando Dios dijo a Adán y Eva: «Sed fecundos y multiplicaos» (Gén 1,28).

Bendición es la primera palabra que debería abrir siempre nuestros labios, el primer sabor de la comunicación con los demás; poder decir: «¡Bendito seas, bendita seas!». Poderlo pensar y después anunciarlo a quien está cerca de mí, a quien comparte mi camino y mi casa, a quien me trae un misterio, a quien me trae un abrazo, poder decir: «Eres bendito». Decir como primera palabra a la persona que amo: «Eres una bendición de Dios para mí».

A la primera palabra de Isabel le corresponde la primera palabra de María: «Mi alma glorifica al Señor» (1,46). *Magníficat*: palabra extraña, poco común, en la que resuena la alabanza, la exultación, las gracias; no es pedir e invocar, sino simplemente alabar.

Este es el don de este Evangelio de las dos mujeres: hacia Dios el primado de la alabanza, hacia los hombres el primado de la bendición.

Isabel se hace portavoz de Dios y pronuncia el juramento original de Dios, lo extiende a María y en ella se lo ofrece a toda mujer, a todo hombre, a toda criatura. Dios bendice con el milagro humilde y estrepitoso de la vida y entonces se extiende a todas las mujeres la bendición de Isabel, a todas las hijas de Eva, a todas las madres del mundo, a toda la humanidad en femenino, a todos los fragmentos de María extendidos por el mundo y que tienen el nombre de «mujer». Giovanni Vannucci afirma: «A todos los átomos de María esparcidos por el mundo que tienen el nombre de "mujer", dirigimos el saludo de Isabel: bendita seas, mujer llena de gracia, que el espíritu del Señor esté contigo, que el fruto de tu vientre, el fruto de toda tu vida sea bendito y beneficioso para la humanidad, que pacifiques la tierra, reconcilies a los enemigos, desarmes a Caín, hagas resurgir a Abel y lleves a toda la tierra de regreso al Padre».

La segunda palabra de Isabel contiene la primera de las bienaventuranzas evangélicas: «Dichosa tú que has creído» (1,45). Es una palabra que me asegura que la fe no es un ornamento de la vida, un peluche para consolar al niño que hay en mí.

La fe contiene un discurso vital para la felicidad de la persona; creer es bueno, porque poner nuestra confianza en alguien, hombre o Dios, suele generar esperanza, crear vínculos, pertenencias, bendiciones. Creer lleva la alegría de la fe, ilumina el mundo; es adquirir la belleza de vivir, sentir que es bueno vivir, amar, tener amigos, explorar, trabajar, tener una familia; creer en el amor que lo ilumina todo…

Mi fe se apoya en la certeza tenaz de que mi camino personal y el del mundo entero, a pesar de todas las contradicciones, a pesar de las pandemias y las guerras, es un camino de salvación.

«Dichosa la que ha creído». ¿En qué creyó María? Creyó en la Palabra antes incluso de poder comprobarla, amó la palabra de Dios mucho más que su cumplimiento; María es como los profetas: para ella la Palabra anunciada es más determinante que la Palabra realizada.

Abrahán se puso en camino después de una promesa: «Tu descendencia será [...] como las estrellas del cielo y como la arena que hay a la otra orilla del mar» (Gén 22,17), y cuando muere, en vez de hijos tan numerosos como las estrellas, solo tiene uno, al que estuvo a punto de matar; de la tierra prometida por Dios, en la que mana leche y miel, posee tan solo una gruta lo bastante grande como para excavar dos tumbas, una para él y otra para Sara, y además la compra a un precio desorbitado: cuatrocientos siclos de plata. No tiene nada, pero mantiene la fe en que Dios cumple sus promesas.

También Moisés muere sin poder pisar la Tierra Prometida, la ve de lejos, pero el pueblo entero mueve sus tiendas tras una Palabra, no una realidad.

También para los apóstoles el anuncio del Evangelio es más importante que los resultados que puedan obtener.

En esta fe de los profetas podrán reconocerse todas las generaciones futuras. Es una fe que tiene la paciencia de la gestante. Nuestra tarea no es llegar o recoger, sino zarpar todos los días al alba y sembrar en todas las estaciones.

Isabel ha introducido la melodía, ha comenzado a marcar el ritmo de la canción y María se convierte en música, su cuerpo se transforma en salmo, al mismo tiempo individual y colectivo, y danza su *Magníficat*.

En el Nuevo Testamento hay 152 versículos que recogen las palabras de María o palabras sobre María; son sus mensajes. Todos los demás «mensajes» son asuntos privados, no conciernen a la fe de la Iglesia. La revelación cristiana se cerró con la muerte del último apóstol.

El más importante de todos los mensajes de María es su *Magníficat*.

Es el evangelio de María, que comienza con la mirada fija en su experiencia personal, pero que enseguida extiende al pueblo y llega hasta abarcar a las generaciones futuras.

María es capaz de pensar en grande, bien instalada en su casa de Nazaret, pero con las ventanas abiertas de par en par a la gran historia de la salvación.

«Mi alma glorifica al Señor» (Lc 1,46); me gusta traducirlo así: «Busco en el corazón las palabras más hermosas para mi Dios, las más hermosas que conozco, las mejores que tengo».

Magníficat, magnificar, significa, literalmente, «hacer grande», dar grandeza a Dios; pero, ¿cómo puede la criatura hacer grande al Creador, al Infinito? Puede hacerlo si le hace espacio en su interior, si le ofrece un lugar donde Dios pueda instalarse y expandirse: porque Dios es pequeño o grande en tu vida según el espacio que le concedas y el tiempo que le dediques.

Todos recordamos al *Principito*, cuando en un determinado momento el protagonista exclama: «La rosa es importante porque le has dedicado tiempo». Hacer espacio a Dios en el tiempo y en el corazón para hacerlo grande, esto es magnificar al Señor.

«Mi espíritu se regocija en Dios» (1,47). *Mi alma danza por mi amado*. Exultar es el verbo de la danza, del salto de alegría de un niño que recibe una buena noticia, incapaz de contener su alegría.

Me asombra, me encanta que, en María, la primera creyente, la visita de Dios tenga el efecto de una melodía, de una energía alegre, de una armonía de cuerpo y alma.

Mientras nosotros sentimos instintivamente la cercanía de Dios como un dedo que señala, como un examen que hemos de aprobar, María siente a Dios llegar como un latido, como un paso de baile para dos, como un cansancio que ha acabado para siempre, como un viento que agita la vela de la vida.

¿De dónde procede la alegría de María? Está embarazada y lo ha comprendido; corre hacia Isabel y lo ha comprendido. Ha comprendido a Dios. Dios está enamorado de sus criaturas. Sus manos se enredan en la profundidad de la vida de cada uno de sus hijos. Su vocación, su tarea: hacer florecer la vida en todos y en todas sus formas.

«Se ha fijado en la humilde condición de su esclava» (1,48). La Virgen María es la mujer de la periferia. Nace en Palestina, pequeña región marginal del inmenso Imperio romano. Procede de la Galilea de los gentiles, periferia de Israel, casi Líbano, casi Siria. Mujer de Nazaret, pueblo que nunca se menciona en la Biblia: un puñado de casas y de cuevas sin historia, sin recuerdos, sin futuro.

Es mujer en una sociedad dominada por los hombres; una joven, apenas adolescente, en una época en que los jóvenes estaban sometidos a los ancianos;

quizá fuera analfabeta, como lo eran las demás jóvenes de su época, en una religión centrada en un Libro, en la Palabra escrita.

Desposada, pero no del todo. Que se encuentra embarazada antes de ir a vivir con su esposo y que puede acabar lapidada por adulterio. Para entrar en el mundo, Dios eligió el camino de la periferia. Entra en el mundo desde su parte más baja, para que nadie se sienta excluido.

La Virgen María procede de la periferia de las periferias, para que todos podamos identificarnos con ella, porque nadie tiene menos que ella.

«Frente al sol, lo mejor que el aire puede hacer es ser trasparente. Frente al Espíritu, lo mejor que el alma pueda hacer es ser pobre» (Simone Weil).

El secreto es que Dios entra en el mundo desde lo más bajo, allí donde la vida está más amenazada. Y la perspectiva del lugar más bajo, la causa de los pobres debe ser la de los auténticos devotos. Dios apuesta precisamente por aquellos por los que la historia no apuesta, por los que han sido arrojados al suelo por el tren excesivamente veloz del progreso.

Es el Dios de los cambios profundos, pero que no actúa siguiendo el modelo de nuestros cuentos de hadas: la historia de María no es el cuento de Cenicienta que pasa de ser una sirvienta a ser una reina.

Porque ella permanece en su pobreza concreta, en el rol social que desempeña, marginal y oscuro, e incluso una espada le atravesará el alma (cf. 2,35), y aun así canta, porque es reina en su corazón.

La alegría del pobre no consiste en hacerse rico. La visita de Dios no conlleva el fin de la pobreza, sino que es la fuente amorosa de luz y de canto dentro de la pobreza: «Se ha fijado en mí, que no soy nadie, ha hecho de mis días un tiempo de maravilla, ha hecho de mi vida un lugar de prodigios».

Este es el rostro hermoso de Dios: viene, no quita nada, y lo da todo; llega y su llegada vuelve a cautivar la vida.

En las palabras de María aparece el estilo de Dios, el de una ternura combativa. Afortunada expresión del papa Francisco: «ternura combativa» (*Evangelii gaudium* 85). Se opone al mal, combate todo lo que perjudica a los hijos de Dios, no es nunca pasivo, sino que actúa con el estilo de la ternura, de la delicadeza desvalida e indómita, que no se rinde, que nunca sucumbe ante el espíritu malvado de la desconfianza.

El Señor despide a los ricos con las manos vacías; derriba a los poderosos, es cierto, pero no los golpea, no les hace daño, e incluso los libera precisamente de lo que les perjudica, del ansia de atesorar y la sed de poder.

Ternura implica poner en el centro no un sistema conceptual, sino el rostro de la persona, su presencia física que nos interpela, su sufrimiento y su alegría contagiosos.

María no se pone junto a la ventana a escribir un bonito poema, sino que corre a abrazar a Isabel. Y de este modo revela algo: la única lengua común del ser humano, pronunciada en una pluralidad de dialectos, tantos como lenguas humanas hay, es la revolución de la ternura.

Jesús se convertirá, instruido por María, en el relato de la ternura de Dios.

En el pedacito de tierra en el que vivimos, también nosotros estamos llamados a ser el relato de la ternura de Dios. De su ternura combativa. Si amas, no te equivocas. Si amas, tu vida es ya un éxito.

Y en cambio, ¡cuántos proclamadores del Evangelio, cuántos en la Iglesia son burócratas de fórmulas, funcionarios de las reglas y analfabetos del corazón!

Con frecuencia nuestras liturgias carecen también de ternura, y a menudo también carecen de ella las comunidades donde las personas viven un déficit de ternura que se convierte en déficit de felicidad. Fíjate bien: quien es tierno está contento; quien es inflexible es infeliz, está a disgusto en el mundo. Jesús era riguroso, pero nunca inflexible. Lo inflexible es lo primero que se rompe.

El *Magníficat* es el evangelio de María, la profecía de María. Evangelio significa «buena noticia». No toda la Biblia es Evangelio. Tengo la impresión de que hoy no percibimos el Evangelio como una buena noticia, porque la propia Iglesia lo ha embalsamado, enyesado.

El Evangelio debería alegrarnos, impulsarnos hacia la felicidad. Es una buena noticia que no puede darse de forma arrogante, ni con rabia. La verdad es que los cristianos no sabemos dar ya buenas noticias.

¿Cómo puede ayudarnos el Evangelio de María? La alegre noticia que María trae consigo en el *Magníficat* es repetir diez veces: «Y él se ha fijado, ha desplegado su fuerza, ha destruido los planes de los soberbios, ha derribado, ha encumbrado, ha colmado de bienes, ha despedido…» (cf. 1,48-55). Diez veces.

En el centro del *Magníficat* está el decálogo del Dios apasionado. Son catorce los versículos del cántico, y diez de ellos aluden a la acción de Dios, uno a todas las generaciones, y los otros tres a María.

La hermosa noticia es que Dios ha atravesado los cielos, tiene contados los cabellos de mi cabeza, me invita a respirar su aliento, a soñar sus sueños, a vivir su vida.

En la primera alianza el centro era la *Torá*, la Ley, y en el centro de la Ley, los Diez Mandamientos. María, en cambio, intuye que hay un nuevo decálogo, que ya no son normas de comportamiento del ser humano, sino una narrativa de lo que hace Dios.

El Evangelio de María es noticia alegre del enamoramiento de Dios, que considera que sus amados son más importantes que su propia vida.

Lucas recoge otro decálogo, bellísimo, con los verbos de la parábola del Buen Samaritano: «Lo vio, se compadeció, se acercó, se agachó, le vendó, echó, cuidó, se encargó, pagó…», hasta el décimo: «Y cuando vuelva pagaré…» (cf. 10,30-37). El nuevo decálogo de todo creyente, de toda persona que sueñe con una tierra hecha de prójimos y no de bandoleros.

El *Magníficat* es el Evangelio que pone en el centro de la religión no lo que yo hago por Dios, sino lo que Dios hace por mí. En el corazón del cristianismo no está mi comportamiento, sino el comportamiento de Dios. La salvación no viene porque yo ame a Dios, sino porque Dios me ama. Y que yo sea amado es algo que depende solo de él, no de mí.

La religión del *Magníficat* no se fundamenta en el deber, en el esfuerzo, en el sacrificio, sino en el don. Verdadera conversión para todo creyente es pasar de Dios como deber a Dios como maravilla; del Dios de la Ley al Dios del deseo. De un cristianismo únicamente de consuelo a un cristianismo de enamoramiento, como para María.

Ha colmado de bienes a los hambrientos y despedido a los ricos con las manos vacías, sus tesoros son aire. En este revolucionario canto hay como un escándalo para la fe: los pobres siguen siendo pobres, los hambrientos siguen estando hambrientos, los poderosos están elevados en sus tronos, los cementerios vencen, ¿dónde está ese derrocamiento que ha visto María? Cristo ha venido, pero es como si no hubiese venido.

Si yo creo que el mundo va a cambiar no es por las señales que veo en la sangrienta maraña de la historia, sino porque Dios ha querido, está aquí y no nos deja, y, de acuerdo con su promesa, hombres y mujeres valientes y libres desafían a las tinieblas, se atreven a amar, son portadores de libertad, luchan por el mundo ante las fuerzas del mal. Dios es mi fortaleza, Dios escucha siempre, no nuestras plegarias, sino sus promesas.

¿Por qué utiliza María los verbos del obrar de Dios en pasado? ¿Por qué dice «ha hecho, ha derribado», mientras los pobres siguen siendo pobres y Herodes sigue en su trono y seguirá cometiendo abusos?

María emplea los verbos en pasado para decir que el futuro es de Dios, que el resultado de su acción es tan seguro como el pasado. «Ha hecho» quiere decir «hará», con absoluta certeza, una nueva arquitectura del mundo y de las relaciones humanas. La profecía quema los tiempos y canta al futuro, que se ha visto ya, aunque solo se haya visto con los ojos del corazón; la esperanza no se equivoca apostando desde el principio por Dios como ganador.

María emplea los verbos en pasado para anticipar el triunfo de la tierra nueva: lo que tarda vendrá; vendrá como árbol grande lo que ahora es solo un granito de mostaza; vendrá como sol de mediodía el sol que ahora es solo un rayo de luz en el este.

«La esperanza viene a nosotros vestida de harapos para que nosotros le confeccionemos un vestido de fiesta; viene a nosotros vestida con pobres retazos para que nosotros le confeccionemos un vestido de novia» (Paul Ricoeur).

El que precedió a la explosión de las estrellas, al nacimiento de los soles infinitos, que tallaba su Ley en piedras en medio del fuego del Sinaí, aquel por quien David bailó con todas sus fuerzas, por quien Salomón construyó una casa de oro, que los profetas lloraron y cantaron, ha comenzado su historia como hombre.

Por eso María danza, Isabel entona la primera bienaventuranza, el niño dentro de ella se pone a bailar, canta con su cuerpo. Una joven y una anciana, portadoras de vida, hacen que descienda sobre nosotros una bendición esperanzadora que consuela todo lo que representa nuestra angustia vital.

Una bendición sobre los años que pasaron, sobre la ternura negada, sobre las soledades padecidas, sobre el declive de nuestro cuerpo, sobre la corrupción de la muerte, sobre nuestro pequeño o gran dragón rojo que nos acecha pero que no vencerá. Porque la belleza es más fuerte que la violencia.

La Virgen María nos ayuda a vivir en la tierra como ella, bendiciendo a las criaturas y haciendo grande a Dios. Nos ayuda a caminar presionados por el futuro que está ya en nosotros, un futuro de cielo que crece y trepa en nuestro corazón, como un brote de luz.

Índice